为什么校园里的花最美？

因为，这里盛开的是青春，绽放的是希望。

个人信息卡

姓名

学籍

邮箱

联系方式

亲爱的师生、校友以及关心学校发展的天大之友，感谢您对学校的帮助与支持。我们衷心的希望您留下个人信息并**书写对学校的美好祝愿。将此页拍照、扫描二维码上传**至1895天大人小程序，与师生校友分享您的心声。

致天津大学

丹青 打卡北洋

赵晖 著

天津大学出版社

北洋园校区

目录

卫津路校区

劉珺畫

巍巍九楼

来天大一定要和九楼合张影。

注意是九楼，

不是九号楼，也不是第九教学楼。

这是天大人对这座建筑特有的昵称。

国画小课堂

本幅作品中苹果树描绘注重以书入画，茂密枝叶以用墨浓淡表现前后层次。九楼刻画遵循建筑结构原貌，写实具象。通过设计画面比例和布局，将自然与建筑之美巧妙融合。以书入画：中国传统艺术认为“书画同源”，将书法中的笔法、笔势、笔意融入绘画，可形成独特的文人审美意趣。

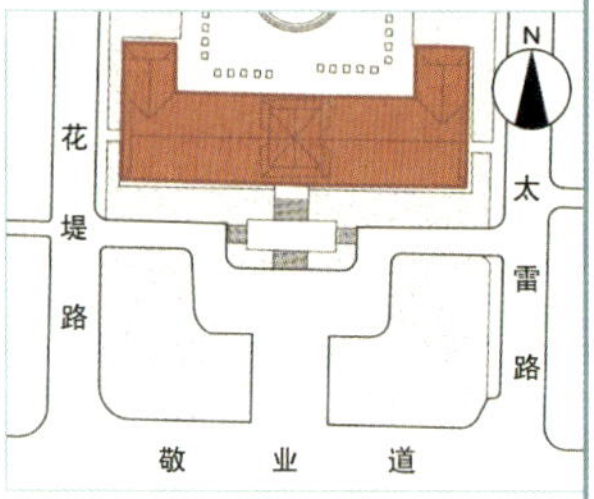

九楼是天津大学卫津路校区的标志性建筑。这座雄浑、古朴的建筑由天津大学建筑学院创始人徐中先生设计，1953 年开工建设，建成以来，历经 70 年风雨，见证了中华人民共和国成立以来这所高等学府的发展变化，是天津大学的文化象征。

九楼是文化自信的天大表达，也是20世纪50年代天津率先开展的运用“社会主义内容、民族形式”建筑理论设计的教育建筑。九楼的外形为中国传统歇山式大坡顶，将西方建筑结构与中国固有的古典建筑形式相结合，具有典型的时代意义，其建造时间早于北京“十大建筑”。恢宏的红瓦屋顶，飞鸽鸱吻和硫缸砖清水墙面……九楼造型雄伟端正、建筑技艺精湛，实用和艺术价值兼备，体现了20世纪中期建筑师对中国建筑的民族形式的探索和中国建筑设计师的文化自信。

建筑承载着回忆和情感。第九教学楼当初还有个别称，叫做“鸽子楼”，不仅因为楼顶的装饰用的是鸽子，还因为环境好，许多野鸽子在这里居住，每到黄昏，众多的鸽子在晚霞中盘旋在九楼楼顶，倦鸟归巢，成为学校的一大景观。

1976年，在里氏7.8级的唐山大地震中九楼岿然不动。不少人以为这栋在强震中傲然屹立的教学楼是用非常昂贵的材料建成的。实则不然，九楼就是用最普通的“三合土”盖起来的。据说当时施工要求极其苛刻，用来做混凝土的沙石不能有一点杂质，检测者手戴雪白的手套，随意抓取洗好的沙石，如果发现雪白的手套上沾染一点脏色，沙石就必须重新清洗。就是这样简单却极为有效的方法，保证了建筑的质量。在有限的条件下，把事情做到极致，诸如此类的点点滴滴，让天大学子懂得了什么是严谨，什么是规范。

九楼还为天津大学的历史写下了浓墨重彩的一笔。1958 年 8 月 13 日，毛泽东主席到天津大学视察，包括我校师生员工在内的 1 万多名群众汇聚等候在九楼前的广场上。当日将近 12 点时，毛主席与陪同的领导同志一起走出九楼，站在台阶上向大家挥手致意。瞬间，整个天大校园沸腾了，人们在广场上高呼“毛主席万岁”“中国共产党万岁”。

在天津大学视察时，毛主席作了重要指示：“高等学校应抓住三个东西：一是党委领导；二是群众路线；三是把教育和生产劳动结合起来。”

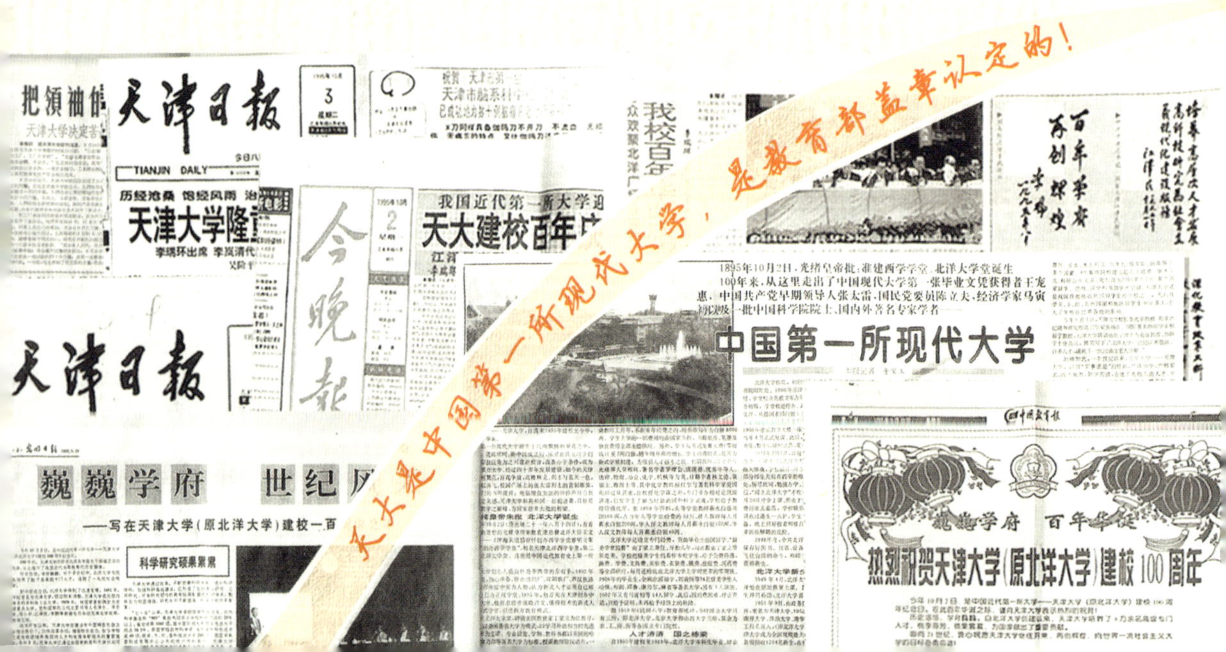

中华人民共和国国家教育委员会

贺 电

天津大学：

金秋十月，欣逢你校隆重举行建校一百周年盛典，谨向你们致以热烈的祝贺！并向为天津大学的进步和发展做出贡献的全体师生员工和老校友们表示亲切的问候！

天津大学是我国近代高等教育史上建校最早的高等学府。在一个世纪的办学历程中，天津大学形成了优良校风和学风，积累了丰富的办学经验，为祖国培养和造就了一大批栋梁之材，以其优良的办学传统和特色饮誉海内外。新中国成立后，在党和政府的关怀下，天津大学事业获得了巨大发展，办学条件、教育质量和科研水平得到了前所未有的提高，历届党政领导带领广大师生员工奋发努力，积极进取，坚持社会主义办学方向，认真贯彻党的教育方针，培育了一大批社会主义建设人才，在科学研究方面取得了丰硕的成果，为国家特别是天津市经济建设、社会发展和科技进步做出了重要贡献。今天的天津大学，已成为我国培养高层次专门人才和开展科学研究的重要基地之一，正以崭新的面貌矗立于渤海之滨。

在我国向社会主义现代化迈进的世纪之交，天津大学这所百年老校担负着科教兴国的重任。国家教委热切希望你校全体师生员工在邓小平同志建设有中国特色社会主义理论指引下，坚持党的基本路线，深入贯彻实施《中国教育改革和发展纲要》，不断总结办学经验，发扬优良传统，深化学校各项改革，进一步提高教育质量、科研水平和办学效益，主动适应社会主义市场经济体制的建立，为加速我国社会主义现代化建设和繁荣高等教育事业做出更大的贡献！

国家教育委员会

一九九五年十月二日

关于九楼有许多故事。曾亲历九楼建设的天大老校友何国模在一次讲述中揭秘，九楼开始设计时本打算面对校门，是东西向的一座楼，但中式建筑讲究坐北朝南，学生会给徐中先生提了意见，徐先生觉得有道理，放弃了最初的想法，将建筑调整成为南北向，成为现在九楼的样子。

Newton's Apple Tree
牛頓蘋果樹

九楼前的草坪中，有一棵貌似普通却极不平凡的树。

这就是中国第一棵直接引自牛顿故居原木枝条的牛顿苹果树。

英国科学巨匠牛顿因苹果从树上坠落而产生关于万有引力的灵感，这株苹果树也被视为科学探索精神的象征。著名的“牛顿苹果树”生长在牛顿家乡的乌尔斯索普庄园，庄园里现今还立有伊丽莎白女王为这棵树颁发的保护令。全世界共有近20个大学、研究所拥有牛顿苹果树，如英国国家物理研究所、牛顿数学研究所、剑桥大学三一学院等。2009年9月11日，“牛顿苹果树”揭幕授牌仪式在天大举行，时任校长龚克从英国国家信托基金会和牛顿庄园代表手中接过《英格兰乌尔斯索普庄园“牛顿苹果树”枝条捐赠协议》，这标志着这株充满传奇色彩的“牛顿苹果树”拿到了自己在中国的“身份证”，将永远扎根于中国第一所现代大学的校园！天津大学教授、著名作家冯骥才先生题写铭牌“牛顿苹果树”。这棵树背靠九楼，迎着阳光，面向北洋园，现在已经成了天津大学独特的景点。毕业之前，学生们都愿意与它合影。2015年3月，时任校长李家俊精心剪下了它的一根枝条，这根枝条经嫁接、培育后，与科学求索的精神一同“植”入北洋园新校区。牛顿苹果树在天津大学生根成长、开花结果，已经完全适应了天津大学的沃土。

1995年，天津大学在九楼前隆重纪念百年校庆。2015年，《天津大学建校一百二十周年1895—2015》纪念邮票公开发行，九楼作为重要元素在邮票上呈现。

九楼前还有几株善解人意的海棠，
在春风拂面的日子，
总会把花枝低低垂下，
伸到你的面前，
方便你在摇曳花颜中与巍巍北洋合影。

打个卡吧！

弱柳緣堤種虛亭壓水開條疑
逐風去波欲上階來歲在癸卯
荷月擬白樂天詩意而憶北洋
求是亭東野寫於龍園並記之

求是亭

水色与天色之间，在天津大学卫津路校区的敬业湖之上，有一座水泥灰瓦、拙朴清雅的“亭”。这就是天津大学标志性建筑之一“求是亭”。

国画小课堂

求是亭建筑本体描绘借鉴了中国传统界画与西画技法，表现透视关系。翠柳环绕，绿荫满堤，注重枝叶层次渲染。湖水波光倒影以赭石、花青、淡绿、藤黄等调色，清新透亮又具诗意气息。渲染：通过淡墨或淡彩深浅变化表现层次空间感。渲染使画面更加生动自然，富有艺术感染力。

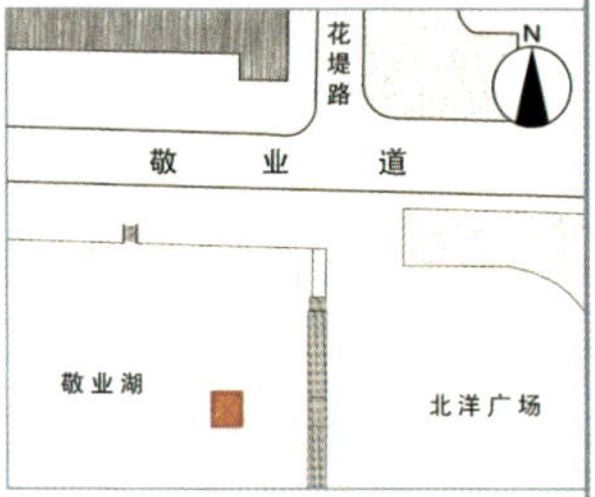

这座拙朴的“亭”是1984年学校修建北洋广场时修建的。因高悬90周年校庆时陕西校友会捐赠的“实事求是”匾额，故名“求是亭”。

在中国的传统建筑中，“亭”常常雕梁画栋，代表秀美。中国建筑大师、天津大学教授彭一刚院士设计求是亭时，并没有遵循传统做仿古秀美华丽的“亭”，而是融入学校人文背景和周围环境，以钢筋混凝土的结构作为整体，设计了一座有天大人质朴求实气质的“亭”。彭一刚院士认为传统的北方园林风格与整体校园环境不搭调，也因资金有限，他设计了一座“新中式”钢筋混凝土的“亭”。

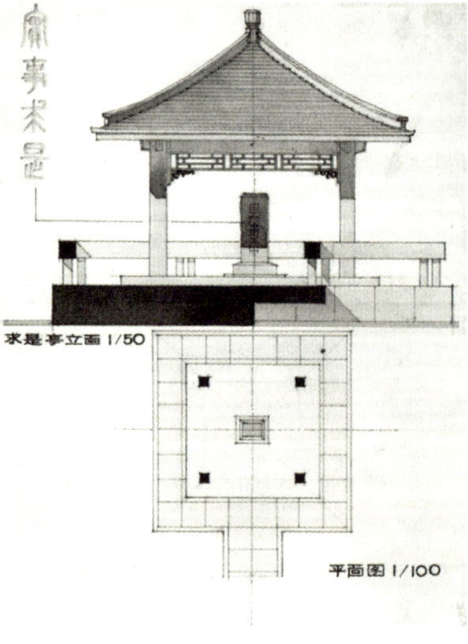

求是亭顶部做了一点儿曲线，亭台上的瓦片甚至是在对一幢教学楼楼顶检修时拆下来的旧瓦。在建造过程中，彭院士经常到现场，根据现场施工进度不断完善原有的设计思路，传统红木头柱子换成了粗壮的水泥方柱子，上翘的“飞檐”变为“平檐”。琉璃不在，青瓦秀丽，方柱之上，“平檐”稳健。没有传统红木之古典，没有上翘“飞檐”之俏皮，但有方柱灰瓦的坚韧，有低调自得的淡雅。亭、湖、路、楼四者相得益彰。

求是亭是天大胸怀——兼容并包，融合发展的具体体现。中国古典亭台之美与天大君子风骨相逢，静静的湖心，一汪春水荡漾着锦绣北洋，也荡漾着高远志向，荡漾着巍巍学府的品格。这座质朴庄重又锐意创新的“求是亭”是天大人“实事求是”的精神表达。

几代学子在亭中伴朝阳晨读，傍晚信步其间，观秋水共长天一色，赏落霞与孤鹜齐飞。破碎的冰带走冬的沉默，迎来春的潺潺声响；落英缤纷，海棠花瓣纷然飘扬，顺着流水换来秋的安然，落叶铺盖亭台；继而，又是一场大雪，天与云与亭与水，上下一白，湖上影子，唯湖心亭一点，亭中人两三。四季悠然轮转，天晴后的虹装点亭上素白，那夜的雨顺着“平檐”缓缓滴落，隔着雨的帘幕，你又看到最惊艳的霞，为高悬的牌匾镀上一层金边，“实事求是”的宣言在阳光中熠熠生辉。

“求是，求是……”亭中人默念，亭外人凝视，天大人脚踏实地，上下求索，精益求精，矢志创新；“求是，求是……”这一颗在水中央的伊人心，却有一把潇潇而立的君子骨，洗刷眼睛，更洗刷心灵。

2016 年 10 月，天津大学决定对“求是亭”按原貌进行修缮重建，崭新的钢筋水泥扰动着湖水，也扰动了天大师生心底最深处的回忆与留恋——生怕这承载了几代天大人记忆的小亭失了原有气运。复建期间，彭一刚院士不只一次地来到现场，与负责修缮复建的年轻设计师一起打磨思路。三秋光阴，四季婉转，新老天大设计人在求是亭建设过程中表现出来的守正创新、力求实效和精明练达正是对天津大学“实事求是”校训、“严谨治学”校风的无言传承。

复建后的求是亭在海棠飘香之际与天大人重逢，威严恢宏，风骨依旧。

目之所及，是逝去青春的逆转，是温柔如旧的过往。

矢志创新，天大北洋，永远年轻。

站在天大的中轴线上，

“求是亭”无言矗立，

向世人宣告，

实事求是已经内化为天津大学的精神品格，

指引着一代又一代天大学子求真务实、上下求索，

使天大人具有“不从纸上逞空谈，要实地把中华改造”的气魄。

拍张照片吧！

劉珺

王学仲研究所

“花堤蔼蔼，北运滔滔。”曾建校于桃花堤岸的天津大学与桃花有着不解之缘。婉婉桃花报春归，桃花是天大的报春使者，是天大人留恋的芬芳。你知道每年天大的第一枝桃花在哪里绽放吗？在黾园。黾园门前的那株山桃是天大的报春花，每年第一朵春桃都在这里绽放。

国画小课堂

本幅作品注重点、线、面、黑、白、灰的水墨语言呈现，描绘了黾园宁静空灵的庭院景致。部分块面构图及淡墨渲染以彰显意境为要旨，体现传统园林的浓郁人文气息。水墨：中国画讲求水墨精神，水墨多指不着彩色、纯以水墨点染的绘画方法。由墨色的焦、浓、重、淡、清所产生的丰富变化来表现物象，产生独到的艺术效果。

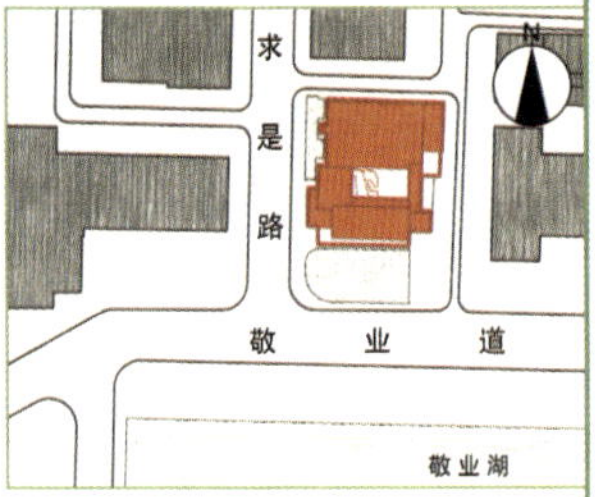

天津大学八里台校区主干道的风景线上有一座风雅的中式园林，这就是天津大学王学仲艺术研究所，又称黾园。

黾，音mǐn，是我国著名诗人、学者、书法家、画家，天津大学教授王学仲先生（1925—2013）的字，语出《诗经·小雅·十月之交》中的“黾勉从事，不敢告劳”——意寓先生终生勤勉于艺术事业，德艺双馨，垂范后学。

王学仲曾受业于徐悲鸿、齐白石、吴镜汀、黄宾虹、蒋兆和、叶浅予、容庚等前辈大家，1953 年毕业于中央美术学院，在天大从教 60 年。曾任中国书法家协会副主席，曾获鲁迅文艺奖、中国书法兰亭奖终身成就奖等。多地建有以他的名字命名的艺术馆、绘画馆、展览馆。在多年艺术实践基础上，王学仲提出的学术主张形成了包含哲学、美学、书学、文学、诗词学和绘画学的“黾学”学术体系。

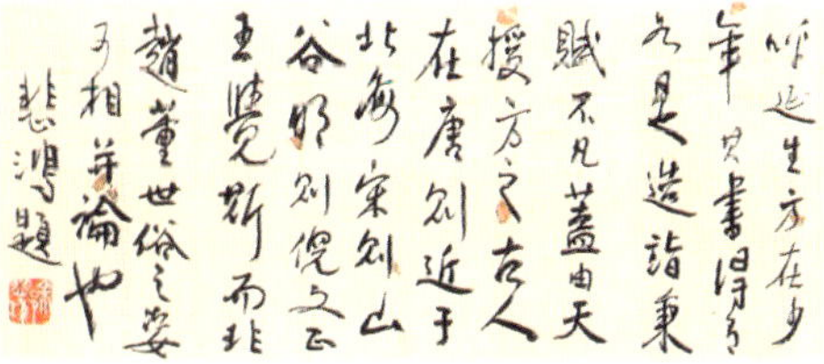

作为改革开放以来首批公派海外讲学的艺术教授之一，王学仲的言行、著作、艺术创作，处处体现着对中华民族传统文化发展的特殊使命感和崇高责任感。王学仲赴日任教，传播中华文化，培养美术人才，为中日美术教育事业发展作出了积极贡献。他曾说：“在欧风披靡之下，我们要有华夏汉文化强大的自信心和独立精神，还要有弘扬推广中华文化的远大抱负。我们有责任在海内外大力传播、弘扬推广中华民族优秀文化，以励民魂，这是中国人的责任。”1987 年 10 月，由天津大学彭一刚院士主持设计，安田薰、关好夫等日本友好人士捐资兴建的黾园落成。这座具有东方建筑美学神韵的小楼 2016 年入选天津市第二批保护性建筑名录。

黾园面对敬业湖，绿竹环绕，风景秀丽。其设计既蕴含传统园林文化内涵，又在传统基础之上大胆创新，是彭一刚院士对“中而不古，新而不洋”这一理念的求索与实践，也是对王学仲先生“欧风汉骨、东学西行”学术主张的风格表达。

彭一刚先生为王学仲艺术研究所设计的手稿，
现在看来仍然有着新中式的时尚感。

劉珺畫

黾园小中见大，闹中取静，虽然只有900平方米，却借助内外空间交融渗透和高低错落的轮廓线变化，形成了丰富深邃的层次，粉墙黛瓦、花木扶疏、文墨留香，艺术价值与实用价值臻于统一。院内假山石上刻着三个大字“四我庭”。“四我”精神为王学仲先生生前所倡，即“扬我国风，励我民魂，求我时尚，写我怀抱”。先生曾强调，“必须把‘小我’与‘超越时代’的‘大我’联系在一起，与国家、时代、民族联系在一起”。

邑园建成以来，已为校内师生和文化界人士举办各类展览几百场，成风化人，润物无声，是天津大学这所以工科见长的综合大学里一座美的殿堂，文化的高地。

在幽静素雅的黾园中，王学仲创作出了许多佳作，著述了多部艺术专著，也培养出了一批又一批的学生。他说："我在这里的教学不拘一格，不给学生以固定模式，以启发其个人的心灵智慧为旨归。" 他再三叮嘱学生静下心来，潜心做学问，切忌浮躁。

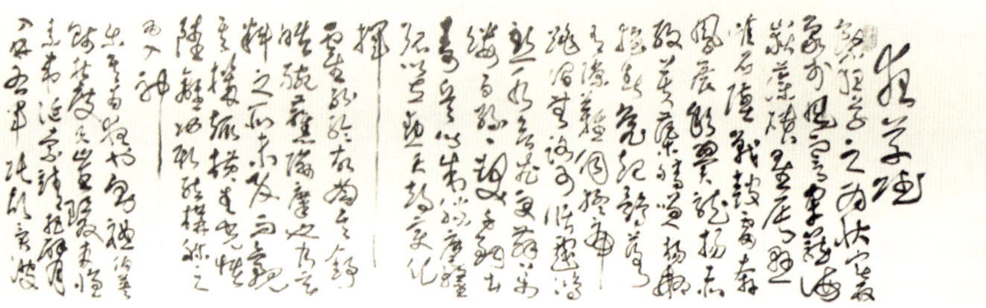

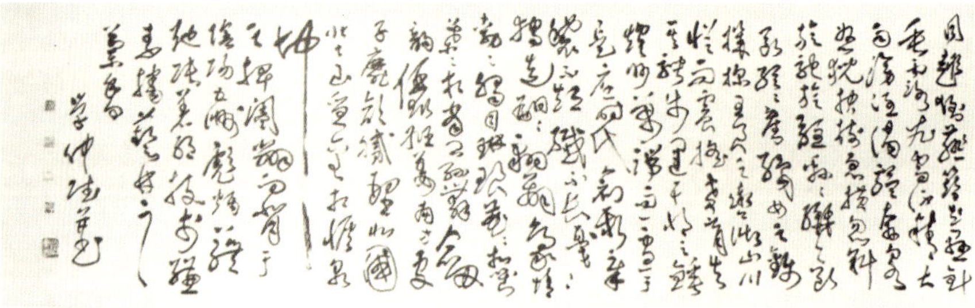

王学仲先生为科学家钱学森所书《狂草赋》就是在这里完成的。钱学森喜欢书画，他曾在《新华文摘》上看到一篇写王学仲的文章，文章称王先生为“诗书画三怪”，他很感兴趣。1992年9月15日，他便给王学仲写信请求墨宝，并说：“我连您‘润笔只要纸’的纸也没有，实感唐突，请恕我无礼。”在收到王学仲创作的长卷《狂草赋》以及画册《夜泊画集》之后，钱老非常激动，并立即回信说：“今日为中华人民共和国成立43周年，我凝视画集第一幅《怀思》，心情激动，牌刻上的人物又现眼前……先生所赠书画将是我余生中的精神食粮，受用不尽。”

在市场经济的大潮中，曾有同行问王学仲："呼延老师，人家都画'钱'，你怎么还画'画'呀？"他淡然一笑："人各有志嘛！多年来，他向各大艺术馆、博物馆捐赠了珍藏的名人字画700余件。在他看来，自己的大批作品和自己的藏品，捐给有关机构，用于馆藏展示，有利于更多人观赏，这对于艺术的弘扬、发展是有更多好处的。"

黾园可游可赏、引人入胜、独具匠心，园内学术研究、诗书画印，四美俱臻。王学仲为天大卫津路校区评出十处胜景，名为“主楼喷泉、求亭临渊、凌桥卧波、科馆绚银、黾园修竹、建系晶阁、留寮挹翠、荷塘缀柳、石镜涵光、青湖竞渡”，并绘就其中的“八景”定格为永恒。

“黾园修竹”是“天大十景”之一，

在王学仲的笔下，

素竹掩映的黾园删繁就简，

别有韵味。

2021年4月3日，天大海棠季十年之约开幕，天津大学联合天津沉香艺术博物馆，以画（花）堂（棠）相（香）会为题，在王学仲艺术研究所开讲传统生活美学公开课。这堂课采用互动式、浸入式的教学方式，学生们身着汉服，簪花游春、携诗投壶、瓶花贮景、海棠入画……在体验和聆听的过程中感受中国传统香文化的“自然”审美。

传统文化的不断滋养，能拓展科学发展的深度和广度。公开课之前的布展彩排，天大脑机接口研究团队的学生们还在此开展了现代科技邂逅传统美学的主题拍摄与脑机接口科普活动。太空脑机交互，在这个世界最前沿的研究领域，天津大学成果颇丰。研发者讲述，国际首颗人机交互科学试验卫星“天帷—天幄”号的名字就来源于《楚辞》。

写点什么吧！

如今的西园，每到春天，桃花、海棠花竞相绽放，美不胜收。先生说："天大是一座高等教育学府，更是一座充满审美意趣、人文情怀的殿堂。" 春和景明，来天大西园吧，赏天大·北洋绽放的第一枝桃花。

冯研院

天津大学是中国第一所现代大学，在这所以工科见长的高等学府里，有一方充满艺术气质的人文高地——冯骥才文学艺术研究院，简称冯研院。

国画小课堂

本幅作品用色鲜明，红、黄、黑形成强烈对比。冯研院建筑描绘融合西画手法，有着几何造型和点、线、面的形式律动。画面前景部分，重墨绘就天鹅可作点睛之笔。点睛：相传南北朝画家张僧繇画龙后点睛，巨龙凌空而起。画面中的点睛部分往往引人入胜，使整体效果得到极大提升。

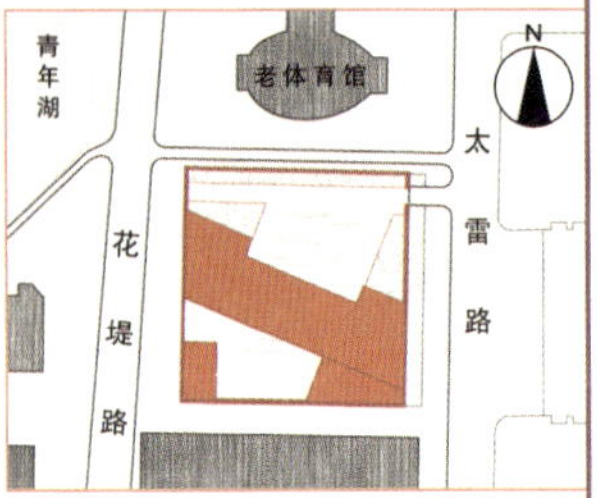

冯研院，全称“冯骥才文学艺术研究院”，以我国著名作家、画家、文化学者冯骥才先生的名字命名。2001 年，冯骥才先生受聘于天津大学，主持成立了冯骥才文学艺术研究院。冯骥才院长不止一次说，他接受邀请到天大的时候，是带着一种感情、一种敬畏的。因为天津大学是近代高等教育史上建校最早的高等学府，而大学的创建恰恰代表着近代文明的起点。

建筑是文明的重要载体。在人文艺术的滋养下科学技术能得到更好的发展。
以理工见长的天津大学精心打造着这一座人文殿堂。

冯研院延请周恺教授设计，院舍建筑面积 6000 平方米，2001 年筹建，2005 年落成。这是梁思成建筑奖获得者、中国当代著名建筑大师周恺在自己的母校完成的第一个建筑作品。整座建筑通过对空间、环境、结构、材料及光影的独特处理，强化了现代审美与传统意境的融汇，体现了冯研院的文学气质与文化情怀。

高大的院墙围合出方形院落，院墙开出大小各异、形状不一的洞口，仿佛四时变幻的天空的画框。院中斜向架空的建筑体量将方形院落分成南北两个楔形院落，架空的楼体下方有一池粼粼浅水将其贯穿。这样的处理不仅保持了院落之间视线上的贯通，也极大丰富了空间层次。建筑混凝土墙面采用纵向切割、凿毛处理，具有斧凿粗粝的质感。庭院则以立瓦、青砖和木板墁地，质朴而清雅。加之楼内空间错落灵动，光线晦明变化，简约深邃，项目整体极具现代美，又富有空远静逸的东方书院的意境。房子方向也不再是正南正北，而是稍作偏转，通过透视使得院子东北角主入口处的视角达到最大，而斜向扭转的建筑和穿插着的水池，于平淡中化出了神奇，“外拙”的表面下，深藏着“内秀”。

近二三十年，冯骥才先生逐渐把工作的重心放在文化遗产和非物质文化遗产的保护上。冯研院安放着他的理想和热情，他在冯研院里建了四个国字号的文化研究机构，即中国木版年画研究中心、中国民间美术研究中心、中国传统村落保护和发展研究中心、中国传承人口述史研究所，研究的内容覆盖现当代文学研究、文化遗产研究、民间美术研究、传统村落保护与发展研究、口述史研究等。冯研院也安放着他的各种收藏：佛教造像文物、民间美术精品、近代典型民居样式……此外，还有他的绘画艺术作品和著述，仅图书馆内的个人图书收藏就达十数万册。冯骥才按照自己的理想把天大冯研院变成一座文化与艺术的博物馆。点缀在大楼内外，明代的石狮子、宋代的天神像、艺术家韩美林的字画雕塑、被纤绳经年累月磨出深沟的长江纤夫石……到处都有艺术的气息，每一个角落都被美占领。

冯研院，从建筑、造型到整个学院的气氛，都把美作为神圣的尊崇，这里是一座文化与艺术的博物馆。“意大利绘画巨匠达·芬奇原作展”、“丝绸之路上的敦煌”艺术大展、“以画过年·天津年画史展”，这里每年都会举办高水平的文化艺术展。

常青藤自由自在爬满了院墙，鸟鹊在藤叶间互诉衷肠，澄心池内游弋着斑斓的锦鲤，花草树木无拘无束地生长，春花在涵古门的窗棂前掩映，秋叶轻抚诗人徐志摩铜像的肩膀……无论阴晴雨雪，无论春夏秋冬，宁静幽深的书院意境都令人一迈进院门，心，便跟着沉静了下来。

在这儿，春天生机灵动，夏天分外清凉，冬天静谧如诗，而秋天则是这里的名片。每到深秋，满墙青藤转为灼灼红色。秋风吹落，片片红叶飘荡在澄心池上，红叶、碧水与斑斓的锦鲤相映成辉。人在此境，如置身画中。

天津大学春有海棠、秋有红叶，海棠季与红叶季是天津大学的两张文化名片。从2019年开始举办的“红叶季”，以诗歌、摄影作品征集和诗歌音乐会等方式，激发学生的艺术创造力，抒发对美、对校园、对大自然的真挚情怀。这里是天津大学最有诗意的地方。红叶季，你一定要来冯研院留一张影，让自己与诗意定格。

2023 年 2 月，天津大学冯骥才文学艺术研究院被列入“中国 20 世纪建筑遗产”，不仅因为建筑设计师的独特匠心和天才创造，更因为院长冯骥才先生为它注入了人文的意蕴和艺术的精魂，使之成为天大校园里一块纯净的人文绿地。

“大学要面对现实，但要背对世俗。” 冯骥才先生是个理想主义者，但他深知，真正的理想主义者都是在现实中实现自己的理想。冯骥才先生希望能借由深厚的文化积淀和美的时刻熏陶，养育出独立纯粹的文化气质和明彻镇定的目光。

“把大自然请进校园”是冯骥才先生的一个人文追求。冯研院1300多平方米的红叶墙，正是学院自然美的极致。冯骥才先生诗意地将这翩跹的红叶比作“秋天的名片”，“红叶季”系列人文活动自2019年起，应运而生。每到秋意最深浓的时节，天大师生都会来到冯研院捡拾红叶，裁光剪影，拂弦唱诗。“红叶季”已成为天津大学秋天的文化品牌。

身在美好的地方，心灵慢慢回归宁静，

美好也在一步步发生。

冯研院是你要常来静心的地方。

拍张照片吧!

TJU

校友之家

天津大学卫津路校区友谊湖畔，有一座洁白的连屋。连屋里有天大最美的窗，临窗小坐，不仅可以看到美丽的湖景，还可以洞见最美未来。这份美好会给你力量，胸怀天下，在天大的舞台上，创造“天大的”未来。这就是校友之家。

国画小课堂

本幅作品树枝掩映，隐现“校友之家”白色建筑体，是中国画对意境营造追求的巧妙体现。渴笔粗粝皴擦，以写意精神统领整幅画面风格。皴：中国画笔法之一，常用以表现山水、树石等的不同质感纹理及气势。

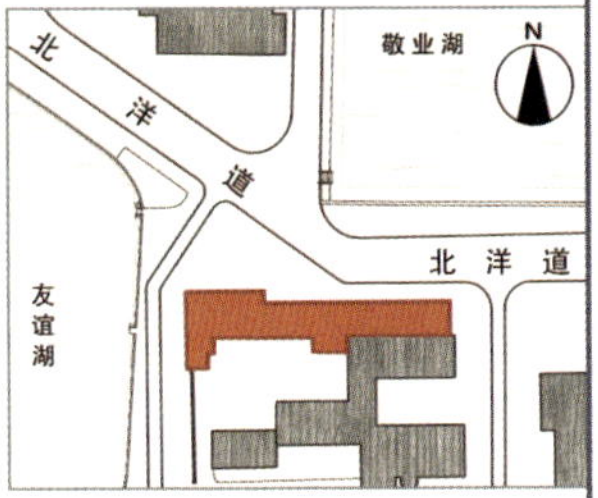

校友之家是所有海内外天大校友的精神家园。

百年学府，国之大学。从1895年光绪皇帝御笔朱批北洋大学堂创立至今，天津大学（北洋大学）作为中国第一所现代大学始终与国家同呼吸、共命运，在“兴学强国”的道路上栉风沐雨、孜孜求索，为中国之崛起贡献着“天大”力量与兴国之才。革命先驱张太雷，经济学家马寅初，外交家王宠惠、王正廷，数学家秦汾，著名诗人徐志摩等无数先贤，“两弹一星”功臣吴自良、姚树人，香港实业家荣智健等当代楷模，均曾在这里就读；著名法学家赵天麟、桥梁专家茅以升、机械学家刘仙洲、化工专家侯德榜、水利学家张含英、物理学家张国藩、教育家李曙森等知名学者，都曾在此执鞭任教。建校以来，天大为国育才30余万。据不完全统计，天大校友中，有70余位两院院士，60多位大学校长，以及数不清的总工程师、实业家。天大人用每一天、每一点的踏实工作，书写了大写的“天大精神”。

在悠长的历史岁月中，最能打动人心的，不是长篇宏论的大道理，而是我们身边的榜样。坐在校友之家，你能深切地体味“天大精神”，深切地理解“实事求是”。

陳國符
丁緒淮
史紹熙
余國琮
王守融
徐中

校友之家是天大人休憩依靠的温馨港湾。

在这里你可以洞见未来，链接无限可能。

2017 年 10 月 28 日天津大学第十一届世界校友大会在湖南长沙举行，来自海内外 122 个地方校友会的代表欢聚一堂，共话天大发展。入夜，校友代表来到 1895 咖啡厅，大家对创新创业的话题越讨论越热烈。创业时的困难、抉择时的困惑，成长时的烦恼，越谈越投机，越谈越有感触。聊得兴起，天津校友会会长刘毅提议："我们能不能搞一只校友基金？支持天大老师、学生创业，在他们最需要资金，最需要资源，最需要人脉的时候去支持他们，帮助他们？每年天大都有很多硬核科技的创业项目，最开始的时候创业都不容易，大家愿不愿意一起支持？"一呼百应，天大校友企业家们联合创办的北洋海棠基金于 2019 年正式成立。创始合伙人有九安医疗董事长刘毅、仁爱集团董事长马如仁、利安隆董事长李海平、天创资本董事长魏宏锟、果实科技董事长杨晓峰、乐鱼网络创始人苏震、九安医疗技术总监王任大、锐意津融董事长何勇军，校内校外穿针引线的是校友与基金事务处的潘晓睿。几乎每个月，校友与基金事务处的小伙伴们都会组织校友们去参观实验室，小伙伴有学化工的，有学生物的，也有学药学的，有的还在科研院历练过，总能帮校友们找到他们感兴趣的实验室。大家一起在实验室中"淘宝"，在成果库中寻找产业感兴趣的项目。创新驱动，科创中国，面对新一轮产业革命，天津大学这所为中国工业作出卓越贡献的工科强校，迎来了"天大机遇"，更要担起"天大的责任"。

为“科学家”寻找“创业家”，配上“投资家”。以北洋海棠基金为纽带，举办创业大赛、组织创业论坛、开设创业课程、成立创业加速营、迭代天大科技园……一个围绕科创项目，发现、赋能、成长的创新创业生态在天大的舞台上逐步成形。一个以天津大学为中心，人才、资金、技术、平台等创新要素不断聚集、不断进化并可持续发展的科技成果转化提速模式悄然形成。

校友帮校友，校友投校友。在校友之家的咖啡厅，经常有老师约学生讨论项目。在这些全神贯注的讨论中，也许旁边端着咖啡闲坐的校友会投来“天使”的青睐。

校友之家是个让人放松、发呆，甚至撒欢的地方。读书区、会议室、咖啡厅、文创展区和茶室，各种空间满足校友的各种需求。在这里你也许会闯入一场毕业生舞会，也可能邂逅一场高端论坛；在这里你可以看着波光粼粼独自发呆，也可以呼朋唤友畅聊往昔；在这里你会常常遇到文化沙龙、摄影展，还能偶遇在三尺讲台上熠熠生辉的院士、首席科学家；校友捐赠仪式爱选这里，招聘对接爱选这里，三五小聚、游览小憩首选更是这里。因为这里就是“家”。

心在天大，志在天下。校友始终以各自的方式爱着母校，有的校友热爱学术科研，瞄准“卡脖子”问题攻坚克难，贡献天大智慧；有的校友扎根基层、胸怀家国，做知行合一的笃行者；有的校友事业有成、心系母校、捐资助学，回报母校栽培之恩。校友之家，馨香满室，笑语盈盈。愿你出走半生，归来仍是少年。

『我在天大很想你。』

自你离开，等你回来，

天大校友之家这份邀约你收到没有？

写点什么吧！

劉珺

天大校宠

清晨，

迎着第一缕阳光，

迎着晨读、晨跑的青春学子，

天津大学会准时响起大合唱。

引吭高歌的是天大的校宠

——斑鸠、喜鹊、天鹅、鸭子

……

天大的鹅鸭都是萌宠。

国画小课堂

本幅作品主体以工笔绘就，丝毛笔法精谨写实，雄鸭暗绿带金属光泽，雌鸭棕褐缀有暗黑色斑点。辅之以没骨法花草布景，真实还原出天大校园水禽的生动情态。

没骨：不用墨笔勾出轮廓，直接以墨或色渲染造型的绘画方法。

作为美丽校园建设的重要环节，天津大学在双校区校内水系中共放养了 100 余只不同种类的水禽，鸭子、天鹅、大鹅数量越来越多。

高贵孤傲的黑天鹅，雪白活泼的柯尔鸭，优雅沉稳的绿头鸭，卓尔不群的赤麻鸭，还有雄赳赳、气昂昂的大白鹅，它们或白或绿，或黄或灰，是校园里五彩斑斓的小精灵。它们或三五成群地嬉戏，或孤芳自赏地在湖水中悠闲游弋，是天大最灵动的风景。

这些可爱的小精灵为校园生活带来许多小欢喜，
成为全校师生围观喂养宠爱的“明星”。

大师亲自给天鹅设计别墅。

清晨，天津大学最美书苑——北洋书院里静谧甜美，澄心池披上了温柔的晨光，一对美丽的黑天鹅随心游曳。这对天鹅是天大出镜率最高的明星。

在阳光所及的角落，藏着一座这对明星的公寓！

我国著名作家、画家、文化学者、天津大学教授冯骥才先生，为这对天鹅亲自设计建造了一间别墅。正面、侧面、板材厚度，每个尺寸都详细地标注，寥寥几笔勾画的天鹅更是神形兼备。

建筑学院的同学看到这张设计图、效果图，表示膜拜，不过有的同学看到图纸也问出了自己的疑问：“门牌号为啥是 NO.3？”

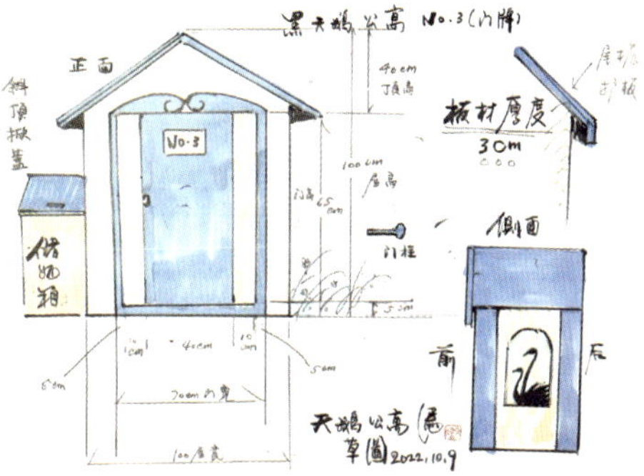

对此，冯先生答曰：“澄心池 1 号住户是锦鲤，2 号住户是小乌龟，天鹅是 3 号。”

得到这样“暖融融”的答案，同学们纷纷表示，何其有幸，小时读着珍珠鸟长大，长大了跟天鹅一起在人文关怀下成长。

有的同学还调皮地调侃：“冯先生不仅是非物质文化保护第一人，还是暖男 NO.1。”

冯先生的设计图，“刺激”了建筑学院的同学们。学生们以七里台宿舍区老宿舍楼为原型，给鸭鹅搭建了暖房。房子外观由建筑学院学生精心设计，小屋主体用防腐木、校园树木修剪掉的枝干搭建。

2021 级环境艺术设计专业的四名本科生，还造了一只 5 米高的巨型大白鹅当作装置艺术与环境设施课程的结课作业放到了爱晚湖上。

清晨，当第一缕阳光洒在湖面上，小鸭子们便开始了它们的一天。它们欢快地拍打着翅膀，在湖面上留下一串串涟漪，好奇地探索着这个新世界。傍晚时分，夕阳的余晖洒在湖面上，给小鸭子们披上了一层金色的外衣。它们或躺在湖边的草地上晒太阳，或漂浮在湖面上闭目养神。偶尔，一阵微风吹过，湖面泛起层层波纹，小鸭子们也会随着波纹轻轻摇曳，仿佛在享受着这快乐的摇摆时光。

自从这些可爱的小鸭子出现在校园，天大同学们的朋友圈每天都有鸭子的身影。卧在草地上小憩的午睡鸭；撅起屁股潜水的运动鸭；成群结队一起行动的团结鸭；翩翩起舞的舞蹈鸭……小鸭子们的一举一动总能吸引同学们的目光。这些可爱的小生灵带有一种天然的亲和力，无论是忙碌的学霸，还是悠闲的散步者，都会被它们那可爱的模样和天真的举止所打动。同学们拍的鸭子们排队过马路的视频还一度登上同城热搜。

驰于空想，目标一直远在天边；骛于虚声，梦想永远镜花水月。熬夜游戏、刷短视频，那就会错过清晨湖畔的朗朗读书声，也看不到“天大鸭”在朝阳下戏水的美景，听不到天大校宠在清晨的大合唱。

東野昇珍

宣怀广场

走过天津大学北洋园校区的正门，仿佛走过时光隧道。天津大学120年历程按照特定的时间分为12个时段立碑铭记，每一方石碑的背面都镌刻着对应时间段的大事记，从清末初建时的博文书院到花堤霭霭的西沽校区，从抗日西迁的七星灯火到海棠花开的卫津路校园，北洋园校区正门铭刻的一笔一画，记录着这所大学的沧海桑田，更见证着北洋大学—天津大学坚定前行的铿锵脚步。穿过这道时光隧道，新时代的天津大学就展现在眼前。

国画小课堂

本幅作品采取俯视取景构图，方与圆、线与面的组合，凸显建筑本身的形式美感；作品注重随类赋彩，虽是传统中国画笔墨，亦符合现代审美。随类赋彩：南朝谢赫在《古画品录》中提出的设色方法，指应该根据所描绘对象的特点属性，恰当地运用色彩来表现其形态和神韵。

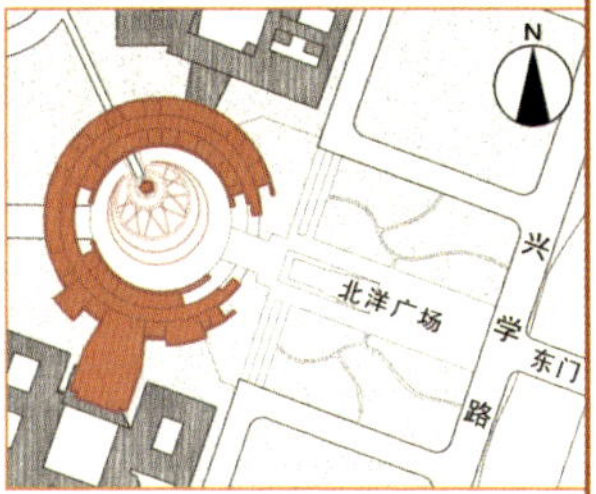

走进校门，你一定会被一座圆形的建筑吸引，在一众方方正正的校园建筑中，这座圆形建筑靓丽抢眼，它就是被同学们戏称为“圆楼”的北洋园主楼——32 教学楼。不要小看这座神似年轮的建筑，它是天津大学新校区的标志性建筑，也是天大明信片、冰箱贴、纪念徽章等众多文创的主角。

32 教学楼由中国工程院院士、奥运会场馆中方总规划师、天津大学 1981 届校友崔愷领衔设计。走进这座圆楼，就是宣怀广场。

宣怀广场以北洋大学创校人盛宣怀的名讳命名，由北洋园校区的主楼环抱形成。圆形的宣怀广场被恢弘大气的主楼环抱着，呈现出一种开放的姿态，并且在外观上与郑东图书馆形成了“圆”与“方”的呼应，隐喻了中国古代“天圆地方”的哲学思想，彰显着天津大学深沉厚重的校园文化，形成了一道靓丽的风景线。漫步在广场上，你可以感受到天津大学这所百年学府开放包容、严谨治学的精神姿态。

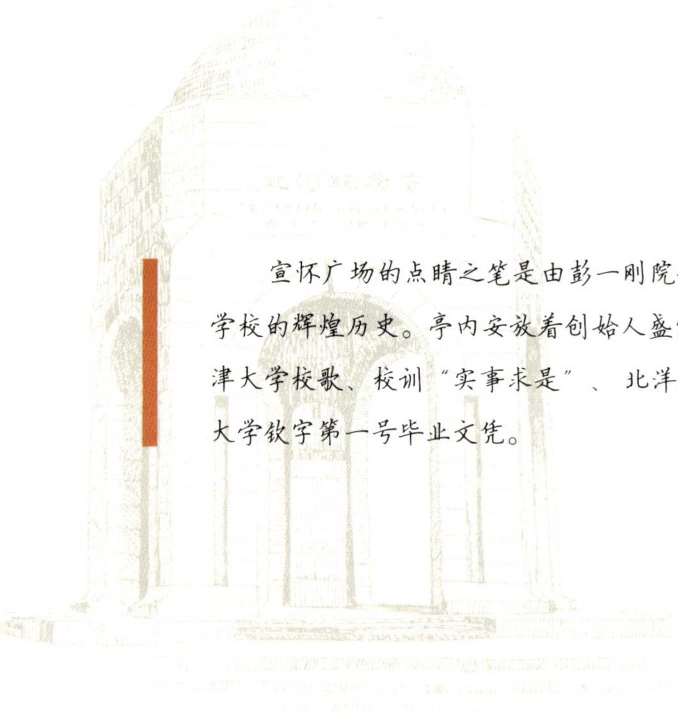

宣怀广场的点睛之笔是由彭一刚院士设计的北洋纪念亭，用以纪念学校的辉煌历史。亭内安放着创始人盛宣怀的坐像，北洋纪念亭墙刻天津大学校歌、校训“实事求是”、北洋赋、北洋大学简史和中国第一张大学钦字第一号毕业文凭。

“自强首在储才，储才必先兴学。”洋务派代表人物盛宣怀，1895 年奏请光绪皇帝，创办了中国第一所现代大学——北洋大学（天津大学）。这个创造了“11 项”中国第一的实业家，也开创了中国高等教育之先河，被誉为中国高等教育之父。北洋大学成立后，中国高等教育也翻开了新篇章。盛宣怀塑像于天津大学双甲子校庆日亮相。在盛宣怀塑像揭幕仪式上，校友张元龙谈到，我们在这里制作塑像，既是为了不忘甲午战争后那段屈辱历史，更是为了铭记我们改革创新的先驱盛宣怀，学习继承先贤们勇于将中华文明与世界文明相融合的精神。弦歌不辍，若华待灼。盛宣怀身上所体现的兴学强国的信念、实事求是的精神和创新创业的勇气，虽历经百年，但仍然值得学习和借鉴。

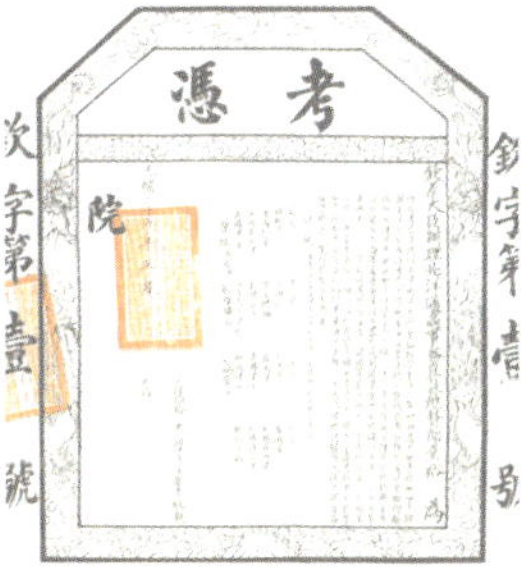

在天津大学校史馆可以看到中国第一张大学文凭的副本。

北洋大学堂首届招收本科生 30 名，要求极严，香港的千余名报考者中只录取 10 名。毕业时，30 人里只余 18 人登上中国第一张大学毕业照。中国第一张大学文凭的持有者王宠惠，1899 年以第一名的成绩毕业，两年后被公派留学美国，获耶鲁大学法学博士学位。王宠惠追随孙中山的救国之路，日后成为“民国第一法学家”，官至国务总理。二战后，他参与起草了《联合国宪章》。他英译的《德国民法典》被视为最佳译本，到 20 世纪 70 年代仍是美国的经典教材。

值得一提的是，卫津路校区的北洋纪念亭是四面形建筑，而北洋园校区的纪念亭是五面形建筑，与卫津路校区是从前身北洋大学到如今天津大学的第四个校区、北洋园校区是第五个校区相得益彰，铢两相称。

北洋纪念亭并不在广场圆心位置，而是向北退让，由此形成的偏心式构图更增加了广场空间的动感，也呼应了轴线的变化。宣怀广场地面，以北洋亭为中心，漾开一圈一圈的年轮。

广场“年轮”的意象及北洋纪念亭、外围纪念墙的设计，隐喻着“十年树木，百年树人”的教育理念。地面上散落的小灯从空中俯瞰为十二星座图，寓意“脚踏实地，仰望星空”。

这座建筑还是一座能调正方向的神奇的建筑。天津大学北洋园校区形状并不是方方正正，而是像一个盾牌，与原北洋大学的校徽轮廓极为相似。所以学校正门的方向与学校中轴线并不垂直。设计师巧妙地用宣怀广场让你觉得自己从校门走向校园中轴线是一条笔直的大道。从东门走进校园一直往前就会进入宣怀广场，因为它是圆形构造，人走进去会自然有一种分不清方向的感觉。此时你再直走就会发现前面有建筑挡住了你的视线。这时人会自然地转向出口方向，走出宣怀广场，笔直走向校园中轴线，方向在不知不觉中调到正东。

晚上的宣怀广场更加美丽。走过一段如梦幻般的长桥，在夜晚的广场门口下片刻驻留，亭子下的石子路泛着星星点点的光亮，灯光虽然有些昏暗，但却并无寂寥，唯有静谧之美。

宣怀广场也是天大学子重要的活动场地。季节更替，昼夜相惜，望天大人肩负起『兴学强国』的使命，在星辉交映中，续写『天大故事』，把青春的汗水挥洒在民族复兴的征程中，成就人生华章！

留个纪念吧！

實事求是
東野升珍

校训石

校训是对一所大学精神内核的高度集成和概括。在天津大学北洋园校区的最佳位置，矗立着重达260吨重的校训石。石头面南一面纹理宛如大树，“实事求是”四个大字刻在了北面，正对1895行政大楼。新天大人，站在这块巨石前，你能触摸天津大学传承百年的“实事求是，兴学强国“的精神内核。

国画小课堂

本幅作品中景校训石与远景建筑的描绘勾勒、皴染、点染并用，干湿浓淡层层叠加，笔笔尽意色彩鲜明。前景草叶点缀施以重彩，跳跃突出、呼应整体。皴染：皴表现纹理结构，染增加色彩层次，通过笔法运用，增强表现对象的立体真实视觉效果。

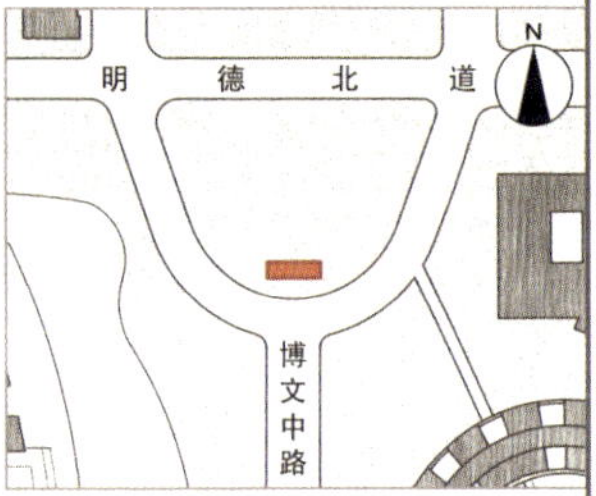

校训石长 18 米、宽 1 米、高 3.5 米，矗立在行政楼南广场空旷的草地上，由天大 1982 级机制班、铸造班、焊接班、锻压班、金相班全体校友和天大设计总院捐赠并设计。面北一侧，校训石上刻有赵天麟先生题写的校训“实事求是”；面南一侧，岩石纹理犹如林木亘贯、树大根深、枝繁叶茂，意寓百年学府，巍巍北洋，历久沧桑，厚积薄发。如果你仔细观察，会欣然发现校训石的前面有一块四四方方的台子，中间刻着团龙图案。这可不是什么宝藏地址，而是天大的“封土台”。

2015 年，新校区启用当日，最隆重的一个仪式，是由四位不同时期的北洋（天大）学子，将采自史上天大（北洋）各校区的泥土交至时任校长李家俊手中，再封入铜质的封土台内，埋在“实事求是”校训石前。

从西沽校区现存的北大楼、南大楼、团城能遥想北洋大学当年的盛景。

1945 年国立西北工学院古路坝校园的照片也留在了历史长卷中。

天津大学(北洋大学)1895 年建校，是我国近代高等教育史上建校最早的高等学府。建校 120 多年来，学校数迁其址、几易其名，唯天大精神绵延不断，代代相承。1900 年，八国联军侵华，北洋大学堂被德军侵占，学校在西沽北运河畔建楼复课；1937 年日军侵华，1938 年北洋西迁陕西组建西北联大，传播中华教育之火种；1946 年，北洋根脉回津复校，续北洋之传承；1951 年定名天津大学，次年校址迁至七里台，探索新中国高等教育发展之路。百年沧桑，校址数迁，天津人学始终将学校的命运与国家民族的命运紧密地结合在一起，锤炼精神、积淀文化，凝聚出了“兴学强国”“爱国奉献”的北洋魂。踩着百年的土壤，守着百年的风气，学府巨擘继续抽根发芽。

1951 年定名天津大学后的开学典礼揭开了天津大学崭新一页。

公元1894年，甲午年，中日海战，黄海上的隆隆炮声和战败的屈辱震醒了中华睡狮。救国图存，清朝光绪皇帝发出《强国诏》。为响应光绪皇帝的诏旨，时任天津海关道的盛宣怀草拟了兴办新式大学的奏折，提出了“自强首在储才，储才必先兴学”，“伏查自强之道，以作育人才为本；求才之道，尤宜以设立学堂为先”的主张。1895年10月2日，24岁的光绪皇帝在这份办学的奏折上御笔朱批五个小字“该衙门知道”。中国教育史就此翻开了新的一页，中国人创办的第一所现代大学开始建设。这就是天津大学的前身——北洋大学。

北洋大学堂成立之初，设置了头等学堂和二等学堂。

因救国而生，为强国而建，

自诞生之日起，天津大学的血脉基因里就植入了家国情怀。

水工试验所开启了中国高等教育对产学研的探索。

“实事求是”是贯穿天大百卅发展的价值追求，是天大人共同的价值取向和行为准则。1928年，学校建立“中国第一水工试验所”，率先开展高等工程教育实践；1934年，成功试制中国第一台飞机发动机，为中国航空工业奠基。这里还诞生了第一张彩色胶片、第一辆电视转播车、第一台回旋加速器、第一座跨海大桥、第一座海上石油平台……

天大师生坚持实事求是，实地把中华改造，为我国机械、石油、水利、航空等学科的发展付出了艰辛的努力，为中国创建相对完整的近代工业体系作出了重要的贡献。这所“开天下之先”的大学，把“兴学强国”当作自身使命，把“实事求是”内化于心、外化于行。

关于这块校训石有很多值得铭记的故事。为了这块校训石，天大的校友们几入泰山，看过了众多石材后，一块巨石让校友们眼前一亮。这座巨石雄伟壮观，岩石纹理犹如林木亘贯、树大根深、枝繁叶茂，这不正是天大（北洋）百年学府，历久沧桑、厚积薄发的寓意吗？而其天然的厚重雄浑质朴之感，让在场的天大人一眼就把它与“实事求是”联系在了一起，人们被它深深地震撼了，这座巨石正是大家苦苦寻找的承载“实事求是”校训精神的最佳载体。现场选石小组成员们一致认为：“校训石”找到了！

选石不易，运石也不易。2015 年 9 月 5 日，王铮、林彬（天大 1982 级机制甲班）赶往泰山，统筹协调完成校训石起运工作。在采石场，一台八百吨吊车将校训石放到了一辆七轴、长 22 米的改装重型卡车上，并有八台吊车随行，校训石踏上了从泰山到天大新校区的迁徙之旅。由于重载，天大校训石只能“昼伏夜行”，9 月 8 日凌晨抵达河北天津交界，短短的最后的 50 公里路，慢慢地走了 5 个小时。最后进入新校区的几百米路桥更是小心翼翼。在天大建工专家再三确认、保证和现场护航中，校训石终于进入北洋园安全卸下，并稳稳地落在做好的地基上。

一块巨石，一行大字，无论四季如何流转，“实事求是”的天大风骨将一脉相承。前承1895行政楼，呼应着天大求实稳重的办公风格，后接笔直的博文中路，沿线左右连接宣怀广场和书田广场，似乎指引着学子们的行路方向。校训石成为一道鲜明的指示标。

写点什么吧!

兴学强国，爱国奉献。

每个天大人走过明德北道，矗立在广场上的校训石都在注视着你，

提醒你作为一个天大人的使命与荣光。

山滴嵐光水拍堤
草香沙暖淨無泥
癸卯荷月東野

三问桥

天津大学北洋园校区中轴线上有一座“三问桥”，很多人以为“三问”是纪念孔子三问，殊不知天大的三问，是面对校训“实事求是”的扪心自问——懂么？会么？敢么？

国画小课堂

本幅作品三问桥桥体画法中西结合、严谨写实，具有焦点透视空间感；湖面轻风习习，线条用笔松动，呈现如鳞波浪；色彩浓厚与清丽兼有，辅之以钛白提亮，强调林木建筑外形轮廓，丰富视觉感受。透视法：指在平面或曲面上描绘物体空间关系的方法技术，使客观物象在平面中呈现立体感和远近空间感。

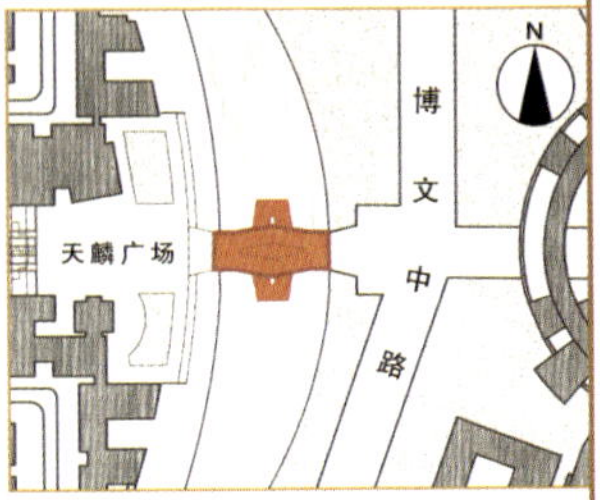

“实事求是”出自汉书。

19 世纪末，北洋大学的创始人盛宣怀在自己的信札底稿中，经常用到一枚印章，篆书“实事求是”。

1915年前后，28岁的法学家、爱国教育家赵天麟执掌北洋。当年的中国，满目疮痍、风雨飘摇，华北之大，却放不下一张安静的书桌。担任校长不久后，年轻的赵天麟总结了北洋20年的办学历史，将“实事求是”定为北洋校训，以期劝勉师生、励精图治。二战期间，赵天麟拒做汉奸，抵制“亲善教育”，写下遗书以明志，最终死于日本特务的暗杀。

赵天麟治校时期的学生张含英，多年之后成了校长。他在办公室常年悬挂“实事求是”的条幅，上书自己的“三问”：懂么？会么？敢么？

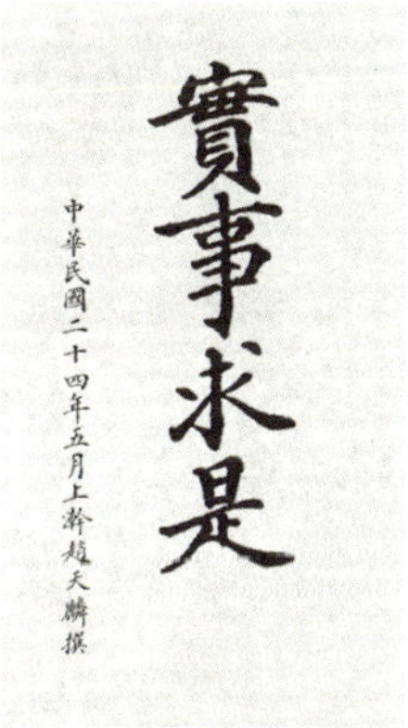

赵天麟手书的『实事求是』
一眼所见的是刚毅。

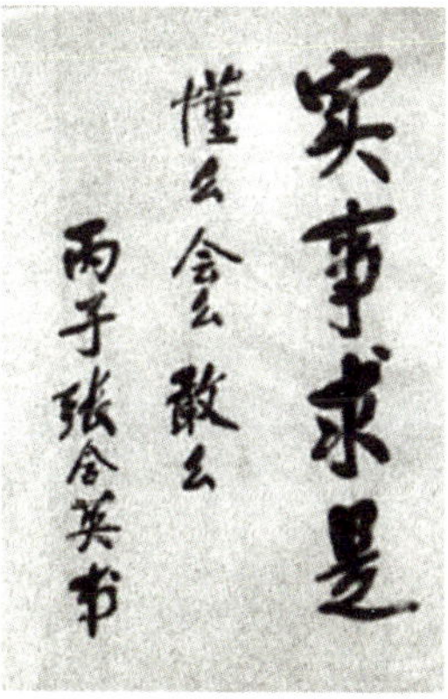

张含英所写的『实事求是』
满眼所见的是求索。

实事求是天大“三问”，是这所百年学府历史深处的回响。

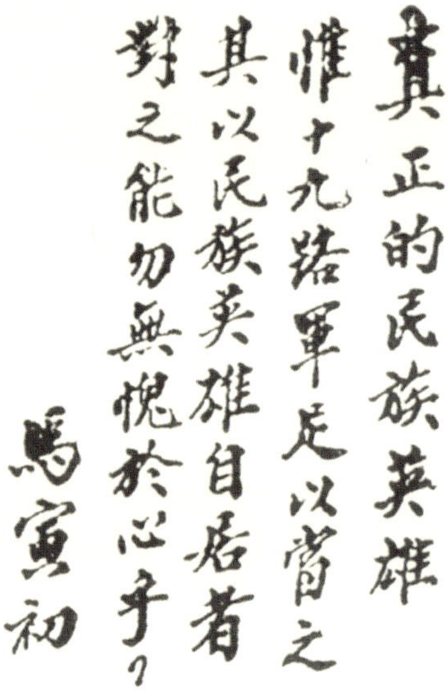

天大校友经济学家马寅初，20世纪50年代发表《新人口论》，提出控制人口的呼吁，曾招致有组织的批判。他单枪匹马参加论战。“我个人被批判是小事，没什么，不过我想的是国家和民族的大事，我相信几十年以后，事实会说明我是对的。”马寅初的倔强，成为天大“实事求是”的一个注脚。

在这里，你的实验记录本大概率会被导师编上页码。实验可以出错，但记录不许撕毁。在这里，你的导师也许会答错问题，但只要他察觉自己的错误，他一定会在第一时间赶回来纠正。因为出错可以，但不能掩盖错误。

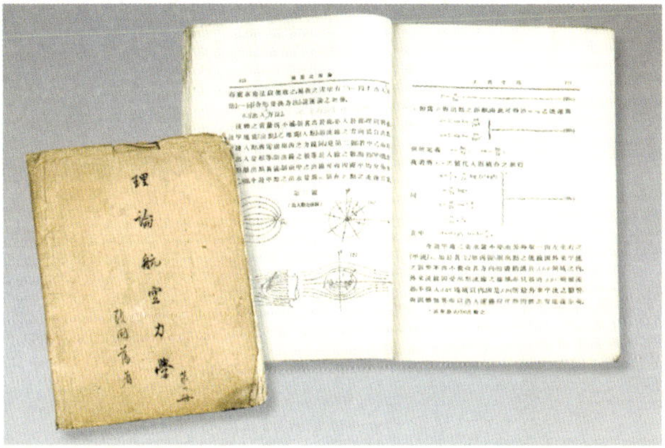

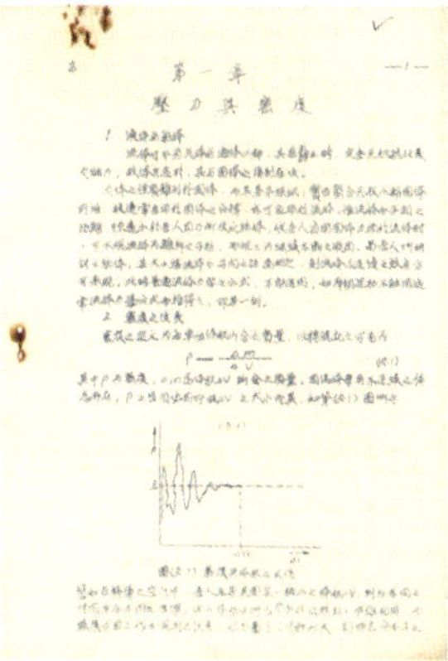

在这里，老师们书写的讲义字迹娟秀，图示清晰，堪称艺术品。

北洋大学校歌

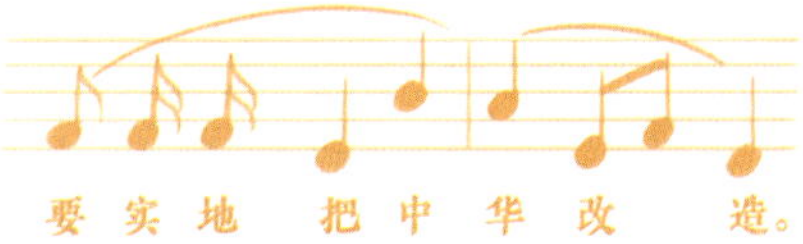

“悠长称历史，建设为同胞，不从纸上逞空谈，要实地把中华改造。”这首创作于1935年的天津大学校歌被代代“天大人”传唱，也是“天大人”对实事求是的理解与实践。

作为中国最重要、最大的几所工科大学之一，天津大学深刻影响了国家工业体系的建立。在这里任教的茅以升奉命主持修建钱塘江大桥，改变了外国人垄断中国大桥建造的历史。毕业生孙越崎被认为是中国石油工业的创始人之一，领导建立了我国第一座石油基地　　玉门油矿。

目前，中国化工领域 80% 以上的精馏塔采用了天大的技术。这里诞生的内燃机高效清洁燃烧新技术，占市场份额 70% 以上。包括南水北调工程在内，近 10 年我国大江大河上建设的 70% 以上高坝工程，都应用了天大的重大水利水电工程施工实时控制成果。天大有全国唯一的国家工业结晶工程技术研究中心，这里有一张项目应用地图，除了西藏，他们的结晶技术应用遍及祖国大陆。港珠澳大桥、三峡工程、火星探测工程、天宫二号载人飞船、C919 大飞机，一个个上天、入地、下海的世界级“大国工程”都有着天大人的成果和身影，有着天大人对“实事求是”的坚守。

三问桥上是钢筋铁皮，桥下是红砖褐泥，

有着工科的硬朗刚毅，又兼具人文的浪漫气息。

河畔杨柳依依，桃花蔼蔼。

走上这座桥，“那河畔的金柳，是夕阳中的新娘”，徐志摩的诗会悄然钻进你的脑海。桥下的绵密草地，一群鸭子正聚成一团讨论着什么。不远处的白鹅挥着翅膀冲向鸭子，鸭子们从容不迫，摇头晃脑地凫到水中。慢慢踱过书田广场，走向灯火辉煌的图书馆，点点灯光勾勒出那条通向三问桥的路，似是赴一场跨越百年的邀约。夜空下的三问桥犹如沉思的哲人般静默无言，而“懂么？会么？敢么？”的哲学“三问”又再次回响在灵魂深处。

前承中正大气的求是礼堂，后接美轮美奂的郑东图书馆，三问桥在天津大学北洋园校区中轴线上仿若一条时光隧道，洗练出天津大学的铮铮风骨，这是每个来天大的人一定要过的桥。“懂吗？会吗？敢吗？”实事求是天大“三问”，向往来学子讲述着求学之道。如今，天大人在建设中国特色、世界一流、天大品格的社会主义大学征程中不忘初心、接续奋斗，正在用人才培养的改革实践成果回答高等教育的“时代之问”。

在实践中弄懂“实事求是”、做到“实事求是”、更敢于坚持“实事求是”，是每个天大人毕生的求索。

站在桥上，

极目不见故人，抬头却是同一片星空。

脚踏实地，仰望星空，

天大人做天大事。

写点什么吧～也可以拍张照片！

館
庚子秋月劉珺畫

郑东图书馆

图书馆是一所大学的精神家园。天津大学的图书馆是天大人心目中最美的校园圣地，是每个天大人都要膜拜与亲近的地方。老图、科图、新图、建筑分馆……天津大学图书馆现有馆舍总面积约6.9万平方米。

国画小课堂

本幅作品中画面主体经营位置与几何造型风格突出，近景以双钩法画植物枝干。大面积设色凸显建筑规制气势，力图表现高校书藏之博大。双钩：依靠线条勾勒塑造表现对象的形体特征。

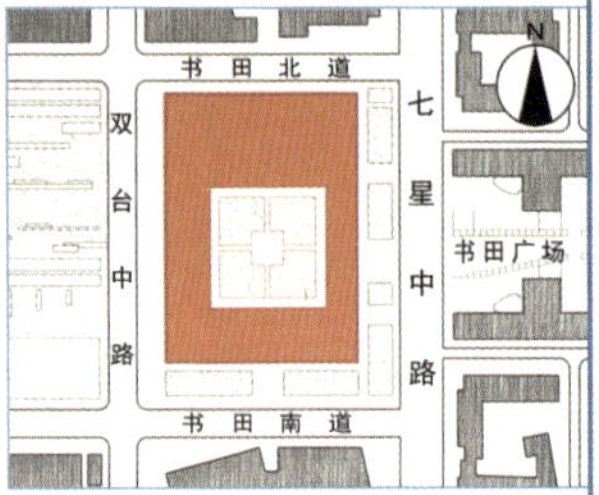

在天津大学 119 年校庆当天，天津大学校友郑东正式向天津大学捐赠郑东校友教育基金，该基金主要用于支持天津大学新校区图书馆的建设。为感谢郑东的慷慨捐赠，天津大学决定将新校区图书馆命名为“郑东图书馆”。

郑东图书馆由天大知名校友、中国建筑师的最高荣誉“梁思成建筑奖”获得者周恺领衔设计。该建筑借鉴中国传统设计的以“庭院”为中心的空间模式，营造了一个具有现代校园精神的公共性、开放性精神家园。

郑东图书馆以独特的建筑风格，成为天大一道最具有书卷气的风景，被同学们赞为“最美图书馆”。

图书馆正门入口两侧各立有一株西府海棠，枝繁叶茂、硕果累累。庭院内法桐树亭亭如盖，绿意森天。庭院中央有一汪浅池，把天空的颜色剪下来留在大地，湛湛碧水，记录斗转星移。春赏海棠、夏看繁枝、秋踏梧桐、冬拂白雪，四季在这里流转，日日夜夜伴着莘莘学子踏入知识的殿堂。

在天大读书是一种生活方式。

一层的大厅犹如一庭宅院，天井附近树影掩映。东北侧有通宵自习室和晨读室功能的“七星灯火”书房彻夜通明，它的灵感来自于抗日战争全面爆发时期，天津大学前身——北洋大学西迁，学子在战火中苦读的传承。

1937年，抗战爆发，天津沦陷，学校不得不西迁陕西。2010年度国家最高科技奖得主、材料学家师昌绪院士当时在此就读。据他回忆，教室设在一处叫“七星寺”的庙宇。那里办学条件异常艰苦，晚上没有电灯，一心求学报国的北洋师生就靠着一盏盏小油灯的微弱火光通宵苦读。长夜漫漫灯光点点，“七星灯火”遂成当地一景，也成为学校代代传承的精神财富，成为感召天大全校师生的强大精神力量。几十年前的煤油灯与新时代的点点灯火交相辉映，天大学子笔耕不辍，接续着“兴学强国”的使命担当。

光影是郑东图书馆最美的装饰，每天的阳光会透过缝隙投射在整个图书馆的墙面上，形成一道独特的风景线。三四层走廊是阳光的画布，阳光斜打在横梁上，投下一道道栅格的光影，光与影凝固的画面，有一种时间与命运交错的感觉。

请勿放置水杯、书本等物品，以防高空坠物！

图书馆各空间的色彩、形制搭配不仅与整体建筑风格协调呼应，也与图书资源独特的韵味遥相呼应。二三层主要分布着理工科和人文社科类的书籍，沿窗是一眼望不到头的阅读书桌。坐在这里，一边是书海，一边是庭院中的四季流转，隔着一道透明的窗，风声雨声读书声声声入耳，家事国事天下事事事关心。也许这才是读书的意义。

图书馆四层是中西文化交融之地。西文阅览区被西式古典元素装点着，书山学海，以勤为路，以苦作舟。报刊区陈列着最新的报纸期刊，坐在沙发上，暖黄色的灯光映在手中文献上，笔尖氤氲着朦胧，科学与浪漫在此邂逅。古色古香的日新书斋安静地坐落在馆舍四层的西北角，这里主要陈列中国传统典籍《中华再造善本》《四库全书》等系列线装书。象棋、围棋、古琴一应俱全，配以明式纯实木家具，定州缂丝屏风，古朴典雅，形成了充满浓郁中华传统文化气息的古风书斋。日新书斋，取自《礼记·大学》“苟日新，日日新，又日新”，矢志创新是天大品格中的一项。特藏区域收藏了天津大学（北洋大学）自 1895 年建校以来的西文原版旧籍，体现了天大首开西学的历史积淀。室内还存有盛宣怀画像、王学仲先生四尺山水作品《江山遣怀》、孙国喜先生中国画《荷塘月色》等精美画作。有传统文化的滋养，科技创新能走得更远。

图书馆的角落有一方图书漂流区。每到毕业季，即将远赴山海的毕业生们，会将陪伴多年的图书放在这里，让它开启一段新的传递和漂流。浮轻舟以传薪，赠书卷以宏知。一本本书籍记载了毕业生们在天大校园一点一滴的成长，一时一刻的拼搏奋斗，图书漂流将这份知识的力量再添一份同校的情谊传承下去。

翻开这些书，你也许能看到毕业生随书留下的寄语，不妨来一场跨越时空的对话吧。

玻璃幕墙外树枝摇曳，阳光穿过白色百叶窗洒在木色的桌案上，栅格的光影斜打横梁，透过轻轻浮动的微尘，书籍整齐摆放在书柜间。透过建筑的浪漫和书本的厚重，你看身边那些奋笔疾书的天大学子、角落里默默背书的少年、研究厢中侃侃而谈的团队、影音欣赏室内神采飞扬的主讲人，就能明白天津大学“严谨治学”的校风早已浸润了图书馆的每一处角落，更浸润了每一个天大学子的内心深处。

写点什么吧！

在图书馆的十二时辰里，

清晨的光、午后的暖、傍晚的霞、深夜的星既于笔尖流动，

也在文字中变幻。

闭馆音乐缓缓入耳，窗外已星光璀璨，

嘿，天大人，你的努力已经记录在案。

新体育馆

在天津大学北洋园校区，有一座极具动感的建筑。从上往下俯瞰，它像一把蓄势发令的发令枪。从正面看，有一处凹陷，仿佛被拳击手打了重重一拳，似乎一场拳击比赛正在进行。远远望去，波涛起伏的波浪形屋顶仿佛连绵起伏的山丘，无限延伸到远方。这个颇具动感的建筑，就是天津大学新校区体育馆，这把独特新颖的发令枪，把拚搏进取、积极向上的精神传递给在天大求学的莘莘学子。

国画小课堂

中国大写意绘画历来注重意象造型及笔墨神韵。画面近景，随风摇曳枝叶的干湿浓淡，造型用笔的意象表现性，配合远景暖色灯火点点，作者通过高度概括的笔墨语言，营造出深远意境。大写意：大写意风格作品落笔率性洒脱、概括简练，并追求画面之外的精神内蕴和文人逸趣。

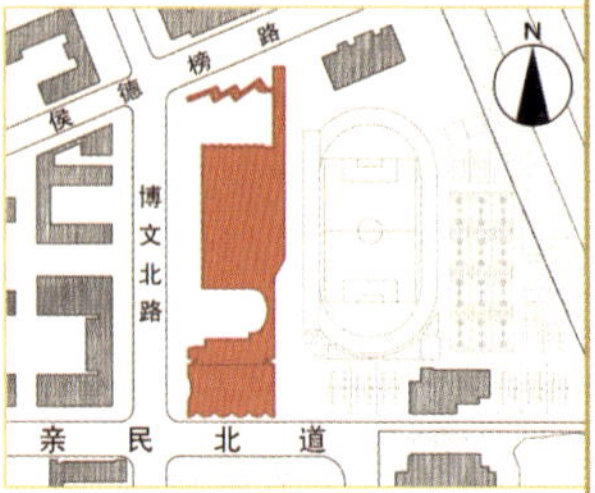

体育是天大育人的重要一环，

体育馆是天大学子挥洒汗水、书写青春的重要场所。

天津大学是中国首开“体育课”的高校。1895 年，天津大学前身北洋大学堂刚刚创办即主张“德、智、体”三育并重的教育理念，将西方近代体育活动引入学校，首开大学体育课程。天津体育博物馆陈列着 1895 年北洋大学成立时，总教习丁家立书写的课程计划，其中就有体育课程设置，内容涉及体操、赛跑和爬绳等。1914 年，时任校长赵天麟就曾批判不重视体育的教育是“一偏之教育，犹之巨颅纤趾，不至颠踬不止”。并针对“同学以课程太繁，力学过甚，以至于体育不甚注意者”，在 1916 年提出“强迫体操之法”。

在天大（北洋）体育是必修科目，

校史资料中记载除非通过体育考试，否则无法升入更高的年级，

不能毕业。

在天大（北洋），体育馆是学校的标志性建筑之一。

天大北洋园校区体育馆由天津大学建筑系毕业生、鸟巢中方总设计师、中国工程院院士李兴钢精心设计。建筑创造的肌理、雕塑感、室内直纹曲面屋顶、内筒拱顶、Y 形结构、光影变化……设计师创作了一个又一个美的符号，让人炫目。

天津大学北洋园体育馆主要分为两部分，左侧的游泳馆和右侧的室内训练场，两个公共空间通过一条跨街的大型缓拱形廊桥形成一个整体，呈环抱式接纳每一位来到体育馆的学生。

室内各类场地根据运动所需要的空间合理设置、紧凑排布。一楼主要是公共空间和部分教室，二楼以排球、篮球等球场为主，并通过廊桥将公共大厅和游泳馆门厅叠加、串联为一个整体，既增强了整个室内空间的开放性，又营造了运动氛围。室内体育中心的公共大厅屋面采用了波浪形渐变的直纹曲面形屋面，东侧长达 140 米的室内跑道，为大厅带来凸显屋面形状的自然光线和向远处延伸的外部景观，而那些奔跑于架高跑道上的人，也成为可在室内外空间欣赏的独特风景。

与炫目的结构形成鲜明对比的是朴拙的外观。新校区体育馆延续使用了天大老校区的砖墙元素，唤起对老校园的记忆和关联。运动场地空间的屋顶和外墙，使用了一系列直纹曲面、筒拱及锥形曲面的钢筋混凝土结构，带来大跨度空间和高侧窗采光，充分展现了大学校园内的体育建筑具备的活力和朝气。

新体育馆独特的造型能带来无限创意。北洋艺术团在新体育馆屋顶拍摄的演出海报，把“只此青绿”演绎得淋漓尽致。

来自场馆空间侧上方的自然光不仅照亮了结构，也映射着师生们运动的身体，让人们在空间中既能感受到建筑结构的庇护，又能强烈地感受到自然的围绕和笼罩，唤起一种使人沉浸其中的诗意情境。

新校区体育馆一经亮相就以惊艳之姿在业内外圈粉无数，斩获大奖无数：全国建筑设计领域最高奖——中国建筑学会建筑创作金奖、建筑行业工程质量最高荣誉奖——鲁班奖、WA 中国建筑奖技术进步奖优胜奖……甚至在获得建筑类大奖之前，天大体育馆还获得了一个国际摄影大奖—— 2017 Arcaid Images 建筑摄影奖。照片巧妙捕捉了游泳馆室外光束透过天窗与水体交相辉映这一动人场景，充分展现了馆内光影的魅力。这张绝美照片只是展现了天大新校区体育馆绝世容颜的一小部分，最美体育馆实至名归。

在北洋园新校区体育馆的南侧，

有一条“王正廷道”。

这条道以“中国奥运之父”，天大（北洋）校友王正廷命名。

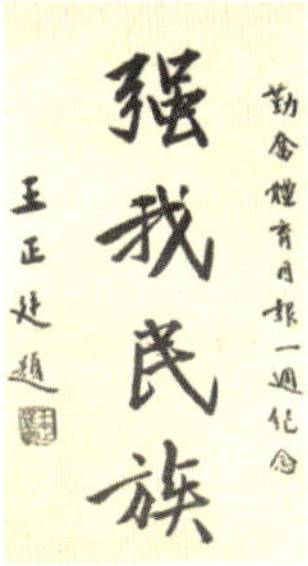

體育救國

1896年考入北洋大学的王正廷是国际奥委会第一位中国籍委员。1924年，中国成立了“中华全国体育协进会”，王正廷被推选为会长，此后又多次担任会长。民国时期，中国曾经三次参加奥运会，他作为中国奥委会主席，一次都没有缺席过，并在其中发挥了重要的作用。基于王正廷对中国走进奥运会的突出贡献，后人称之为“中国奥运之父”。

留个纪念吧！

操场跑道上，一圈又一圈，无数脚印串连出成长的轨道；体育馆内，羽毛球、排球在空中交错飞舞，勾勒出青春的模样。每一块地板、每一道光线，承接着汗水，记录着坚持，描摹着青春。在最美体育馆中，在运动中，大大人丰富着自己的青春与人生。号角已经吹响，发令枪的扳机即将扣下，箭在弦上，天大人，只争朝夕。

劉珺

天大海棠

春日迟迟，卉木萋萋。
春回天大看海棠，是天大的邀约。
海棠是天津大学的文化名片。

南有武大樱花，北有天大海棠。
天大海棠声名在外。

国画小课堂

本幅作品海棠花以折枝构图表现，花枝呈 S 形由上而下。花头以曙红、钛白、胭脂三者调色，花蕊以沥粉法点出，色彩冷暖、虚实凸显丰富层次，有风姿绰约、春意跃动之感。沥粉：沥粉特殊之处是使颜料落纸于高出物面，形成凹凸立体效果，用来表现花蕊的体积感。

海棠是天津大学迁址到卫津路之际，大面积种植的一种植物。1952年春天，天津大学卫津路校区破土动工。全校师生员工与建筑工人仅用半年多的时间，便在一片沼泽地上建起初具规模的高等学府。在师生们亲手建造的校园里，海棠依依，见证了天津大学的建设与发展，也在一代代天大人的青春岁月中留下明丽的篇章。

天大水利馆的海棠，正是卫津路校区至今栽种时间最久的海棠。1957 年 4 月 10 日，周恩来总理陪同波兰部长会议主席约瑟夫·西伦凯维兹来到天津大学，参观了实习工厂和水利馆等处，并受邀发表即兴演讲。彼时，校园里海棠盛放，春意正浓，在海棠花的芬芳中，周总理鼓舞全体天大师生肩负更大、更艰巨的责任，创造更美好的未来。百年学府，国之大学。年近百卅，天大·北洋始终与国家同呼吸、共命运，在“兴学强国”的道路上栉风沐雨、孜孜求索。花开花落，校园里的海棠见证着一代又一代天大人为中国之崛起贡献“天大”的力量。

海棠花开似锦，虽艳却不俗，素有“花中神仙”“花尊贵”之称，是富贵、美好的象征，因此在园林种植中，常与牡丹、玉兰、桂花等配植，寓“玉堂富贵”之意。在西方的文化中，海棠的文化寓意为“游子思乡”。天大大面积种植海棠之际，正是中华人民共和国成立后，全国院系大调整之际。一方面，天津大学集中了并入院系的优势，成为当时全国规模最大的多科性工业大学之一；但另一方面，学校前后有14个院系、专业调入其他学校，从天津大学调出的科系历史悠久、优势突出，把北洋大学的优良传统带到了祖国各地，为中国工业体系的建立与教育事业的发展作出了重要的贡献。这些根植于70年前的海棠，也许正是别离的寄托。

于草木中见精神。海棠耐寒、可做砧木，与适应能力强、甘坐冷板凳、成人之美等品格相吻合，深受天大人的喜爱。

天大卫津路校区现有海棠 800 余株，散落在校园各处，铭德道两侧最为集中。品种除了花香绵长的西府海棠，还有梨花海棠、贴梗海棠、垂丝海棠，以及金黄蜂、奈微利等珍稀品种。天大北洋园校区的海棠集中在中心岛北岸的海棠堤，现有西府海棠、垂丝海棠、梨花海棠、红宝石海棠、王族海棠、火焰海棠、春雪海棠等 16 个品种 1300 余株。

人间最美四月天，海棠花盛放的日子，天大就悄悄隐入了粉红的花海。

2012年4月，天大首次举办“天大·海棠季”文化活动。

此后的每一年，

伴着海棠花的甜香，天大海棠的邀约总会如约而至。

“天大·海棠季”是学生的秀场。“海棠季”让学生担任主角。各类活动由学生自主设计和组织，学校打开校门，做好协调与保障。学生们充分发挥创意，或开展合唱、交响、舞蹈、体育等精彩展演，或为校友、游人提供校园讲解，或组织趣味科普、黑科技体验，或展示各类创意作品、科研成果等，在实践中展现对美的理解与追求，展现对科技的热爱。

“天大·海棠季”是市民的节日。以花为媒，依托丰富的大学文化资源，海棠花的邀约让学府百年文脉与人民群众文化需求有机融合。赏海棠花雨，品学府文韵，览科技前沿……浸润在天津大学校园，“天大·海棠季”为市民奉上的是文化盛宴。在天大海棠季的引领下，天津也办起了海棠花节。

文化，是凝聚力量的精神纽带。“天大·海棠季”将海棠升华为文化符号和情感纽带，凝聚师生爱校情结，增进文化认同。

在天大人对母校的思念中，肯定会有一个空间，专门留给学校的海棠。那一树树盛放的花朵，那一片片飘落的花瓣，那一缕清香，一种思念，都永远留在了每个学子的心中。无论你在教室推开窗，还是走在下课的路上；无论你从图书馆匆匆而过，还是在实验室繁忙中抬头一瞥，那海棠都会闯入你的眼帘，冲撞着你的心房。从料峭春寒中刚刚钻出的嫩芽，到鲜红的花蕾，如胭脂点点；从欲放的花苞，到完全绽放的花瓣，似纤云堆雪。忽而一阵春风吹过，花瓣漫天飞舞，如少女般曼妙轻盈，从天而降。飘落的花瓣甚至可以铺满道路，让人不忍心下脚。

正如校友所说：海棠花开，花开花落，北洋园记录着我们的成长，天大海棠季是一生美好的邂逅。

拍张照片吧!

春回天大看海棠。

在繁花似锦的春日，别忘了回赴天大海棠之约……

天津大学

北洋大學堂
1895

DANQING DAKA BEIYANG

图书在版编目（CIP）数据

丹青打卡北洋 / 赵晖著. -- 天津 : 天津大学出版社, 2025. 1. -- ISBN 978-7-5618-7936-8

Ⅰ. G649.282.1

中国国家版本馆CIP数据核字第2025R8E795号

策划编辑 郭 颖
责任编辑 郭 颖
装帧设计 林雨岚

出版发行 天津大学出版社
地　　址 天津市卫津路92号天津大学内（邮编：300072）
电　　话 发行部：022-27403647
网　　址 www.tjupress.com.cn
印　　刷 北京华联印刷有限公司
经　　销 全国各地新华书店
开　　本 787mm×1092mm 1/32
印　　张 5.25
字　　数 86千
版　　次 2025年1月第1版
印　　次 2025年1月第1次
定　　价 82.00元
